特別支援教育

授業ですぐ使える！

いるかどり先生の のびのび 図工アイデア

特別支援教育コーディネーター
いるかどり

はじめに

　本書を手にとっていただき、誠にありがとうございます。

　テーマは特別支援教育の「図画工作」です。図画工作をより身近に感じ、のびのびと楽しむことができるようにと、願いを込めて執筆しました。

　本書で一番伝えたいことは「同じ題材であっても、表現方法は個別でよい」ということです。子どもたちが自分に合った表現・自分でできる技法で取り組むことができる実践を紹介します。

　図画工作は、授業中の活動だけではなく、作品が完成したあとも鑑賞をして楽しむことができます。

　しかし、先生方や子どもたちに「図画工作は好きですか？」と質問すると、多くの方から「絵は苦手だから……」「好きだけど、自信はないな……」という答えが返ってきます。

　そこで本書では
・自分の想像力や作った作品を自分自身で認めてあげること
・友達の作品を認め合える学級の雰囲気をつくること
・作品のよさに注目できるような指導を継続すること
などを丁寧に解説します。

　まずは読者の皆さんに、「図画工作をやってみたい」「子どもたちの作品をたくさんほめることができた」と思っていただけたら幸せです。

　本書が少しでも皆さんのお役に立てること、皆さんと目の前の子どもたちの笑顔につながることを願っています。

いるかどり

もくじ

はじめに ………………………………………………… 3

第1章 特別支援教育の図画工作

1　「特別支援教育の図画工作」
　　少人数のよさを生かした授業をしよう ………… 10

2　「図画工作における人的環境」
　　教師の心得をチェックしよう ………………… 14

3　「図画工作における物的環境」
　　実態に合わせて用具を調整しよう …………… 18

4　「図画工作における空間的環境」
　　教室や机のレイアウトをしよう ……………… 22

コラム❶　どんな学習形態があるの？ …………… 26

第2章
のびのびと表現できる！
一人ひとりの目標に取り組める図工アイデア

1 「私の好きな空色！　グラデーション」
筆の使い方を楽しもう ………………… 28

2 「歯を大切に！　歯の健康ポスター」
鏡で自分の歯を見てみよう …………… 32

3 「私の好きな色！　カラフルな世界」
絵の具セットを使ってみよう ………… 36

4 「私の友達！　カラフルモンスター」
はじき絵と独創的な世界観を楽しもう ……… 40

5 「ゆらゆら浮かぶ！　クラゲ星人」
光を感じる製作をしよう ……………… 44

6 「チョッキン！　パー！　切り紙」
折り紙を切って開いて模様を楽しもう ……… 48

7 「ペリッ！　ステンシルシール版画」
指先でシールをはがして楽しもう …………… 52

8 「模様を楽しむ！　野菜スタンプ」
自分で選んだ野菜で洋服作り 56

9 「人型の紙模型」
自分の体をイメージしてみよう 60

コラム ❷ どうやって指導計画を立てるの？ 64

第3章

クラス全員が活躍できる！
みんなで取り組む図工アイデア

1 「春を感じる！　成長を願う桜の木」
ちぎり絵とスタンプで表現しよう 66

2 「元気に泳げ！　こいのぼり」
偶然できる模様を楽しもう 70

3 「夜空に輝く！　打ち上げ花火」
トントンするだけスタンピング 74

4 「すいすいあつまれ！　カラフル魚」
国語で学んだ海の世界を表現しよう 78

5　「秋を感じる！　紅葉カーテン」
ハサミで様々な切り方を試そう …………… 82

6　「自然を感じる！　落ち葉貼り」
秋の素材でライオンキッズのお面作り ……… 86

7　「くるくるスチレンボード版画」
3色の重なりを楽しもう ………………… 90

コラム❸ 活動内容や子どもの実態に合わせた
学習環境 …………………………… 94

第4章
クラス全員の達成感・満足感が高まる！
鑑賞活動

1　「すてきなところを発見！　鑑賞活動」
自分や友達のよさを見つけよう ……………… 96

2　「ここに注目！　作品紹介カード」
自分の作品のよさを伝えよう ……………… 98

3　「思いを伝える！　作品鑑賞カード」
見て感じたことを表そう …………………… 100

4 「アピールできる！　作品カード」
作品の好きなところを表現しよう ‥‥‥‥‥‥ 102

5 「言語化できる！　作品発表カード」
みんなの前で発表しよう ‥‥‥‥‥‥‥‥‥ 104

6 「あなたもすてきだね！　いいねカード」
お互いの作品を認め合おう ‥‥‥‥‥‥‥‥ 106

コラム **4** 共同製作と共同作品は何が違うの？ ‥‥‥ 110

特典をダウンロードしよう！ ‥‥‥‥‥‥‥‥‥‥ 112
特典ダウンロード一覧 ‥‥‥‥‥‥‥‥‥‥‥‥‥ 113
おわりに ‥‥‥‥‥‥‥‥‥‥‥‥‥‥‥‥‥‥‥ 114
参考資料 ‥‥‥‥‥‥‥‥‥‥‥‥‥‥‥‥‥‥‥ 116

第1章

特別支援教育の図画工作

1 「特別支援教育の図画工作」 少人数のよさを生かした授業をしよう

学年も実態も様々な子どもたちがいる小集団だからこそできる表現活動があります。それぞれの強みを生かした授業を計画しましょう。

少人数だからできる図画工作を楽しもう

小学校の特別支援学級や特別支援学校の学級では、在籍する子どもたちが少人数であることで、一人ひとりの生活年齢、発達段階に合わせて柔軟に指導計画を考え、授業を展開することができます。

子どもたちの生活や経験、興味関心を題材に取り入れ、時には子どもたちと相談しながら図画工作を計画します。「満開の桜」「夜空の花火」など、子どもたちの心に響くテーマを設定しましょう。

表現活動でも鑑賞活動でも、みんなの強みを生かそう

一人ひとりの活動スペースを広く取れるのも特別支援学級だからこそです。絵の具、クレヨン、版画、立体作品など、教室の全体を有効に活用して、様々な表現技法を体験する機会を設定できます。

表現だけではなく、地域の美術館や展示会への遠足、近隣小学校との合同作品展の開催など、活躍と鑑賞の機会を設定しやすいのも特長です。

他の単元との関連を意識するだけで大きく変わる！

学習指導要領を参考にしながら指導計画を立て、「なんとなく例年通りに」で実施することのないようにアップデートの意識を大切にしましょう。また、「はい。今日はこれを作ります」という一方方向の指示で進めるのではなく、生活単元学習や学校生活と関連付けながら学習を進めることで、創造的な授業になります。

指導計画を立てるときの流れ

一人ひとりの実態把握　と　学級としての実態把握

指導目標

指導内容
学習形態・環境設定、個人目標・環境調整
本時の目標・流れ・評価　など

個人製作（第2章参照）

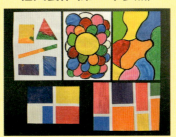

共同作品（第3章参照）

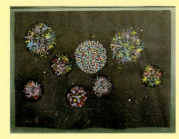

共同製作（第3章参照）

1年間を見通して指導計画を立てよう

　図画工作は「表現をすること」「鑑賞をすること」を通して自分や友達のよさを認め、自分自身の新たな魅力にも気づくことで、豊かに生きていく力を身につけていく学習です。

　年間指導計画を作成する際には、3つの資質・能力「知識及び技能」「思考力、判断力、表現力等」「学びに向かう力、人間性等」を意識しながら、学校行事や季節のイベントなど、生活に溶け込んだ題材となるように意識しましょう。

　また、年間指導計画は、子どもたちの実態や興味関心に合わせて、年度途中で加筆・修正してもよいでしょう。子どもたちの成長に合わせて柔軟に考えることが大切です。

4月

「新しい学級、
4月のスタートは、
教師や友達と交流できる
活動がしたいな」

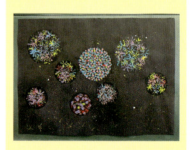

7月

「一人ひとりが
自分のペースで
楽しめる活動を
取り入れたいな」

「どのような力を育みたいか」を意識しよう

　特別支援学級には、通常学級のように、学年全員に共通した指導計画がありません。毎年、在籍児童が変わるたびに、学級の実態、子どもたちの実態に合わせて新しく指導計画を考えていきます。

　そのため、日々の授業づくりでは、「どのアイデアを学習させるか」ではなく「子どもたちにどのような力を育みたいのか」「どうしてその題材を選んだのか」を意識することが大切です。

　インターネット上には、魅力的なアイデアがあふれているからこそ、アイデアを子どもたちに当てはめるのではなく、「子どもたちの実態に合わせてアイデアをカスタマイズしていく」ことを心がけましょう。

第1章　特別支援教育の図画工作

9月

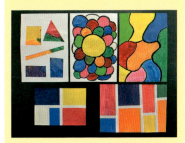

「絵の具セットや
用具の使い方を学べる
技法を取り入れたいな」

10月

「秋の散策と関連付けて
季節を感じることができる
題材を取り入れたいな」

「図画工作における人的環境」
教師の心得をチェックしよう

2

人的環境とは、私たち教師自身のことです。子どもたちがのびのびと活動を楽しむことができるように最適な環境となりましょう。

人的環境とは

教師や友達など、子どもの周りに存在するすべての人のことを「人的環境」として考えます。指導目標に向かって安心して学習することができるように人的環境の調整をしていきます。

子どもたちの活動を見守る教師の役割

私たち教師は、子どもたちの表現活動をあたたかく見守り、認めること、ほめること、励ますことを大切にしましょう。

すべての子どもたちが、自分の表現に自信をもって作品づくりに取り組むことができるようにします。

「図画工作が嫌い」と言う子どもからは、「先生に怒られたから」「失敗したくないから」「上手にできないから」という言葉を聞きます。

図画工作では、自由な表現を大事にして、「失敗」はないということ、うまいへたではないことを伝えながら、活動を楽しむことができるようにしましょう。

子どもたちの「表現したい」という気持ちを引き出す

自由な発想を大切にします。もちろん、暴力的な表現や自分や他者を傷つける表現には注意が必要ですが、正解のない表現の世界では、子どもたちの自由な発想を大切にすることが重要です。

そのため、子どもたちの思いを認める心を忘れずに授業を進めていきましょう。

あなたの笑顔から授業をスタートしよう

まずは子どもたちを笑顔でほめよう！

ほめほめタイムから授業をスタートする

人的環境の中でも、教師の言動や表情が子どもたちに与える影響は大きいです。まずは笑顔を大切に。

声かけのタイミング

　先生方から、「図画工作の授業では声かけのタイミングが非常に難しい」という相談を受けることがあります。「活動が止まっている？」と思ったら、色の交わりを楽しんでいた。「夢中になって取り組んでいる？」と思ったら、次の手順がわからなくて同じ動作を繰り返していた。読者の皆さんも、そんな場面を経験したことがあるかもしれません。

　子どもたちの集中を妨げず、必要なときに必要な支援をすることができるように、授業の中で丁寧な実態把握を進めていきましょう。

　また、ヘルプカードや手順表を置くなどの環境調整をする際には、必ず本人と相談をしながら考えていくことが大切です。

第1章 特別支援教育の図画工作

〈人的環境を整えるためのチェックリスト〉

	子どもたちの発想を大切にしている
	安全に活動することができるようにしている
	安心して活動することができるようにしている
	命の危険、自他の心身が傷つく行為へは毅然と対応している
	失敗への恐怖心を取り除く雰囲気づくりをしている
	挑戦する気持ちが高まる雰囲気づくりをしている
	教師自身も表現者である意識があり、表現を楽しんでいる
	子どもが自分の言葉で話すことができる
	個々の発想、多様な表現を尊重している
	多様な表現方法の選択肢があり、提案することができる
	子どもが自分でやりたいことを選択できる
	子どもたちへ肯定的な声かけを意識している
	子どもたちを授業中にほめることができている
	具体的な言葉で声かけすることができている
	具体的な言葉で、子どものやりたいことを言語化できている
	子どもたちの思いや考えに共感することができている
	鑑賞について具体的な視点を伝えることができている
	教師自身も鑑賞を楽しんでいる
	美術館や展覧会などについて調べることができている
	教職員のチームワークを大切にして授業を実施している

いつでも子どもたちを中心に考えましょう。自分の立ちふるまいや声かけを意識したいときや、見直したいときのツールとしてご活用ください。

子どもが活き活きと取り組めるようにできること

子どもの動きに合わせて手を添える

添える際は必ず「添えるね」「添えていい?」など子どもに確認をしてからにしましょう。

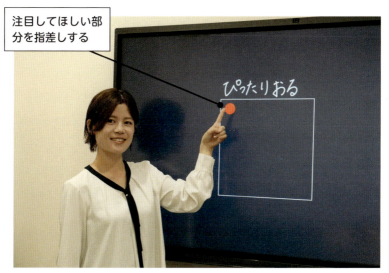

注目してほしい部分を指差しする

声かけだけではなく、見てわかる視覚的支援も心がけましょう。

3 「図画工作における物的環境」
実態に合わせて用具を調整しよう

物的環境とは、子どもたちが使用する用具・材料などのことです。子どもたちが自分でできることを目指して環境を整えます。

物的環境とは

子どもたちが使用する筆、パレットなどの用具、材料、机や椅子などが物的環境です。指導目標に向かって自分で活動することができるように、物的環境の調整をしていきます。

安全に楽しく活動できるように配慮する

子どもたちが安全に表現・鑑賞をすることができるように、安全な材料や用具を用意します。

たとえば、木材を使用するときには、ささくれ（木材の繊維がほつれて、鋭く尖った部分）がないか確認が必要です。

ハサミやカッターなど、危険な道具を使用する際は、十分に注意し、子どもたちが自分で操作することができるように、手のサイズに合った用具を選びましょう。

のびのびと表現できる作業スペースを用意する

机上や作業台の上の作業スペースを整理整頓することが大切です。トレイを置く、テープで区切る、必要のない用具をしまう、必要以上の材料は置かない、など作業スペースを整えることで、安全に活動できるようにしましょう。

子どもたちのできることを増やす工夫をしよう

材料や用具を整頓して置けるスペースを確保する

一人ひとりの作業スペースはゆとりをもって。
必要なもののみを置くようにして、活動に集中できるように整えます。

物的環境の調整は子どもを甘やかすことではない

　物的環境などの環境調整をすることは、子どもたちを甘やかすことではありません。「やってあげる」のではなく、「自分でできる」ことを目指して行うのが環境調整です。

　活動に参加できるようになること、学習を理解できるようになることを目標として、必要に応じて必要な分量だけ調整をしていきましょう。

　材料、用具、机や椅子などは、子どもたちが自分の力を発揮できるようにするための手段です。たとえば「色を塗る作業＝筆を使う」という選択肢だけでなく、「指筆」「補助具を使う」など、柔軟に物的環境を調整していくことが大切です。

〈物的環境を整えるためのチェックリスト〉

	ハサミやカッターなどを安全に使用・管理している
	子どもたちが使用しやすいように用具は整理整頓されている
	用具のサイズは子どもたちの手のサイズに合っている
	用具や補助具は、使用して疲れにくい形状である
	用具の色合いは目にやさしく、使用しても目が疲れにくい
	紙は技法や表現活動によって選ぶことができる
	用具の共有や貸し出しができる数が揃っている
	用具の強度は、繰り返し使用できる耐久性がある
	児童机の天板に凹みがなく、安全に学習できる
	児童机に傾きやぐらつきがなく、安全に学習できる
	机や作業台の高さは、子どもたちの身長に適している
	学習内容に応じて、図工室の大型机や作業台を使用できる
	用具や材料を置くための箱・トレイなどがある
	段ボールやボトルなどの廃材を、利用することができる
	季節の素材を学習に取り入れることができる
	多様な素材を授業に取り入れている
	必要に応じて子どもたちが素材を選ぶことができる
	必要に応じてタブレットやカメラなどを使用できる
	見本作品、手順表など、見通しがもてるような工夫がある
	作品を整頓する棚や達成感を感じる掲示スペースがある
	作品乾燥棚や乾燥させるスペースが確保されている

物的環境を整えることで、活動がスムーズに進みます。このチェックは、子どもたちが活動する前に行うとよいでしょう。

道具や材料を効果的に使ってみよう！

ローラーのサイズを調整するだけで操作性があがる

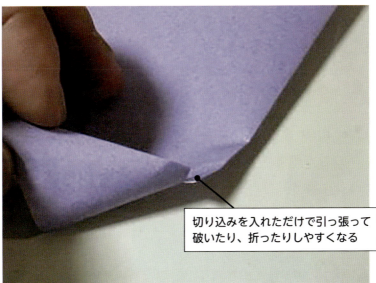

切り込みを入れただけで引っ張って破いたり、折ったりしやすくなる

第1章 特別支援教育の図画工作

子どもたちの困り感に応じて調整します。調整は必ず、子どもたちと相談をしてから、子どもと一緒に行います。

4 「図画工作における空間的環境」 教室や机のレイアウトをしよう

　空間的環境とは、子ども同士の集団、学級の雰囲気、時間などのこと。子どもたちが安心して活動することができるように整えます。

空間的環境とは

　子ども同士がつくる集団、教師のつくる雰囲気、物的環境が集まった教室全体、時間の流れ、時間設定などのことを「空間」として考え、その環境のことを空間的環境といいます。教師は、子どもが指導目標に向かって活動に参加することができるように、空間的環境の調整をしていきます。

教室の導線・動線を意識する

　環境設定をするときは、導線を意識することが重要です。

　「せっかく準備したのだから、必ずこの場所でやって！」「狭いからぶつからないように歩きなさい」と指示するのではなく、子どもたちの安全とスムーズな活動を第一に考えて、授業中の動線を見て、臨機応変に教室環境を整えることが大事です。

作品の完成よりも、子どもたちの体調を優先しよう

　空間的環境では、とくに「時間」の調整を大切にします。

　長時間の作業は子どもたちの集中力を低下させ、安全面でも問題が生じる可能性があります。事故になる前に、こまめに休憩をとり、体調に配慮することが大切です。

　「この時間内に完成させなければならない！」と焦ることのないように、余裕をもった指導計画を立て、柔軟に対応ができるようにしましょう。

空間的環境が整った教室の様子

個人で取り組む場合

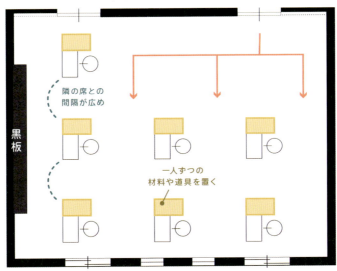

全員で一斉に取り組む場合

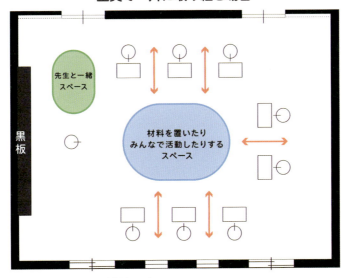

上の図の赤の矢印が動線です。
子どもの動線と活動スペースの確保を意識して計画をしましょう。

〈空間的環境を整えるためのチェックリスト〉

	教室の明るさ（自然光・照明）は明るく見やすい
	温度調整や換気がされていて、快適な環境を保っている
	清潔な用具、清潔な環境が保たれている
	教室全体が安全な環境になっている
	季節感や帰属感のある教室や廊下になっている
	多様な表現方法を認め合える雰囲気がある
	表現に失敗はないという認識をもち、安心して取り組むことができる
	他者を否定しない肯定的な視点を育もうとしている
	全員の作業スペースが確保されている
	用具の収納スペースが教室や校内に確保されている
	作品の展示スペースが教室や校内に確保されている
	動線を考え、スペースが確保されている
	床は滑りにくく、必要に応じて新聞紙やビニールシートを敷いて活動することができる
	廃材コーナー、自然物コーナー、用具コーナーなど、子どもたちが教室の位置関係を把握している
	教室や学校周辺で自然物に触れることができる
	必要に応じて音楽を流すことができる
	リラックスできるコーナーや空間がある
	学級には柔軟で温かい声かけや表情がある
	全員が目指せる目標設定になっている

空間的環境は教師だけではつくり出すことはできません。みんなが気持ちよく活動できるよう、その場の全員が当事者意識をもって環境を整えましょう。

五感を通して学ぶことができる授業を目指そう

形や色や香りを自然から学習する機会を提供する

教科書やタブレットの情報だけでなく、実際に見て、触れて感じたことを表現してみましょう。

第1章　特別支援教育の図画工作

見る・触る・聞く・嗅ぐ……表現を豊かにしよう

　学校の中には、図画工作に活用できるたくさんの環境があります。校庭から眺める校舎、体育館のステージの上から見るバスケットコート、ビオトープの昆虫たち、畑の野菜、花壇の植物など、学校全体が教材となります。

　図画工作で大切なことは、五感を通して学ぶことです。離れたり、近づいたりして見ること。つかんだり、こすったりして触ること。揺らしてみたり、鳴らしてみたりして聞くこと。鼻を近づけたり、手であおいだりして匂いを嗅ぐこと……。子どもたちが感じた感覚を表現できるように機会を設定しましょう。

どんな学習形態があるの？

特別支援学級では、学級や子どもたちの実態に応じて、様々な学習形態が考えられます。子どもたちの実態に合わせて、学習目標や活動内容を考える中で、学習形態についても柔軟に考えていきましょう。

全体指導

グループ学習

個別指導

ペア学習

第2章

のびのびと表現できる！一人ひとりの目標に取り組める図工アイデア

1 「私の好きな空色！ グラデーション」
筆の使い方を楽しもう

何色の空が好きですか？ 子どもたちと空を見上げてみましょう。筆を左右に動かし、お気に入りの空色をグラデーションで表現します。

作品完成例

こんな子どもたちへ！　活動と技法

　画用紙全体、キャンパス全体に絵の具を塗ることを学習したい。筆を左右に動かして、画用紙に色をつけることを学習したい。そんなときには、グラデーションを作る活動がおすすめです。絵の具は、パレットを使わず原液を直接紙の上に絞り出して行うことができるのも、この活動のよさです。

ステップ 1

好きな色を選ぶ

材料
- 水彩やアクリル絵の具　・画用紙　・新聞紙（下に敷く）
- タブレット　など

作り方
1. 絵の具セットの中から、好きな絵の具を選ぶ。
2. 使う絵の具を直接画用紙に出す。
3. 濃淡が視覚的にわかるように絵の具チューブを横に並べる。

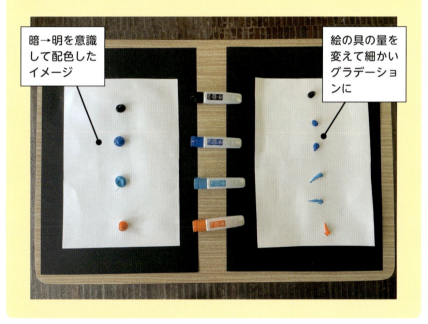

暗→明を意識して配色したイメージ

絵の具の量を変えて細かいグラデーションに

活動のポイント

　子どもたちと一緒に空を見ましょう。朝、夕方、夜と時間帯や天候によって表情を変える空の中から、自分の好きな空をイメージします。また、タブレットで子どもと一緒に空の画像を検索したり、空の写真を用意しておくと、色の想像がしやすくなり、子どもたちが色を選びやすくなります。

第2章　のびのびと表現できる！一人ひとりの目標に取り組める図工アイデア

ステップ 2

弧を描くように筆を左右に動かす

材料
・平筆 ・水バケツ ・紙ナプキンや布巾 など

作り方
① 画用紙の上に置いた絵の具を、筆を左右に動かし、上から順番に伸ばしていく。
② 色が混ざる部分は、他より数回多く筆を動かし自然なグラデーションにする。

活動のポイント

　絵の具を画用紙に出したら、時間を空けずに取り組みます。筆を動かすときには、弧を描くように左右に動かすと、本物の空のように表現ができます。スースーッとなめらかに筆を動かすことがポイントです。必要に応じて、筆に水をつけたり、筆を紙ナプキンや布巾で拭いたりして、絵の具の量を調節しましょう。

ステップ ３

ラメで自然光や星の輝きを表現する

材料
・ラメ（ネイルアート用）　・スプレーのり　など

作り方
❶絵の具が乾ききる前に、指でパラパラとラメを振りかける。
※粒子が細かいネイルアート用のラメがおすすめです。
❷大量につけたい場合など必要に応じて、スプレーのりを吹きかける。

活動のポイント

　ラメをかけると作品がキラキラと輝いて見えます。塗り終わった直後は、絵の具が乾いていないのでラメがつきやすいはず。写真では、大量にかけているように見えますが、作品を立てるとパラパラとラメが落ちて適量になります。ラメを大量にのせて雲などを表現したいときには、スプレーのりを吹きかけるときれいにつきます。

2 「歯を大切に！ 歯の健康ポスター」
鏡で自分の歯を見てみよう

クレヨン・絵の具・画用紙で取り組んだ事例を紹介します。子どもたちや学級の実態によって、顔を描く手順や材料を選びましょう。

作品完成例

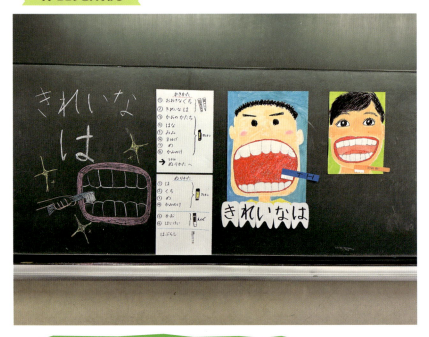

こんな子どもたちへ！ 活動と技法

　この活動では、クレヨンが水彩絵の具をはじく性質を活用します。事前授業や導入で、手持ち鏡で自分の歯を見たり、歯の本数を数えたりすると、歯の形や本数への意識が高まります。また、タブレットで顔を撮影すると、作品を描いているときに、写真を見返すことができるので、顔全体のイメージがしやすくなります。

ステップ 1

手順表を見ながら顔を描く

材料
- 手順表　・画用紙　・クレヨン　・水彩絵の具　・水
- 新聞紙（下に敷く）　など

作り方
1. 手順表を確認し、自分に合った画用紙のサイズを選ぶ。
2. 鉛筆で画用紙に下絵を描き、クレヨンで口と歯を描く。
3. クレヨンの水をはじく性質を活用し、最後に水彩絵の具で顔と背景を塗る。

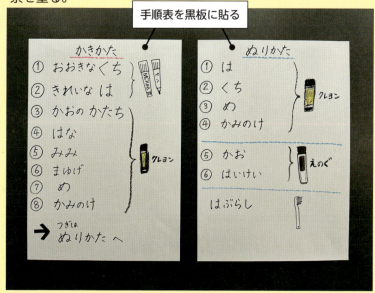

手順表を黒板に貼る

活動のポイント

　顔の描き方に正解はありません。子どもたちの実態に合わせて、輪郭から描くか口から描くかなど、手順を検討しましょう。今回は、目立たせたいパーツである口と歯をクレヨンで塗り、顔や背景は絵の具で塗りました。子どもたちと相談をしながら、自分が一番表現しやすいサイズを選べるように画用紙を準備しましょう。

ステップ ❷

画用紙でメッセージや歯ブラシを作る

材料
・画用紙　・ハサミ　・のり　・ペン　など

作り方
❶ 歯の健康啓発メッセージの内容を考える。
❷ 歯ブラシやメッセージなどを画用紙に書いたり切ったりして作る。たとえば、白い画用紙を歯の形に切り抜き、メッセージを書く。

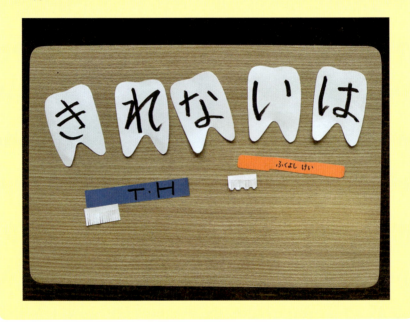

活動のポイント

　歯の健康を考える作品なので、歯の健康啓発メッセージを入れると、作品としてのまとまりが生まれます。
　また、メッセージをクレヨンなどで描く場合は、あらかじめメッセージを貼るスペースを確保するなど、子どもが全体のバランスを考えながら描けるように支援します。

ステップ ③
メッセージや歯ブラシを貼る

材料
- のりや両面テープ　など

作り方
1. ステップ①で描いた絵の近くに、ステップ②で作った歯ブラシ、メッセージを貼る。
2. 教室に飾って、お互いの作品を鑑賞する。

活動のポイント

　ダイナミックに表現をしたい子、細かい部分まで時間をかけて表現をしたい子など、個々の取り組み方を大事にします。個々の学習目標によって異なる材料を選ぶなど、表現方法についても、アレンジしながら行ってください。

3 「私の好きな色！ カラフルな世界」 絵の具セットを使ってみよう

絵の具セットを使って、筆で絵の具を塗ってみましょう。色を混ぜると何色になるのか、楽しみながら活動することができます。

作品完成例

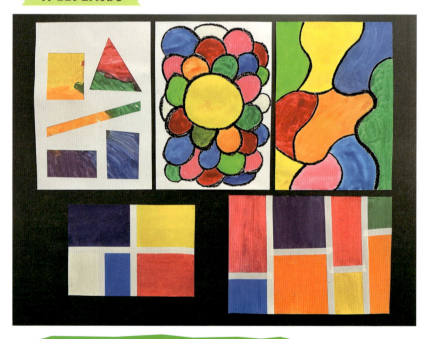

こんな子どもたちへ！ 活動と技法

　絵の具セットを初めて使う授業のときなど、プリントに印刷された線に沿って塗ることが難しい子がいます。線からはみ出してしまったり、線が細くて色を分けて塗るのが難しかったりするのです。そんなときには、マスキングテープやクレヨンで区切ります。触覚にアプローチすることで、筆を操作しやすくなります。

ステップ 1

マスキングテープを貼って色の部屋を作る

材料
- 画用紙　・マスキングテープ　・絵の具セット
- 新聞紙（下に敷く）　など

作り方
1. 画用紙の上に、ランダムにマスキングテープを貼る。
2. マスキングテープで区切った枠線の中に、色を塗る。
3. 絵の具が乾いてからテープをはがし、白線が現れたら完成。

活動のポイント

　マスキングテープの高さと太さがあることで、色を分けて塗りやすくなります。テープの粘着力が強いと、画用紙からテープをはがす際に画用紙が破れることがあるので注意が必要です。色は、シンプルな原色など、絵の具の色に集中できるような色を使いましょう。

ステップ 2

クレヨンで区切って色の部屋を作る

材料
- 画用紙　・クレヨン　・絵の具セット
- 新聞紙（下に敷く）　など

作り方
① 画用紙にクレヨンで、題材の枠線を描く。花や花火、ウロコなど、たくさんの色を使いたくなるような題材にする。
② ①の枠の中に絵の具で色を塗る。

活動のポイント

　クレヨンで描く際は、黒などの濃い色を使い、太くやさしいタッチで濃く描くと水（絵の具）をよくはじきます。子どもたちの筆の使い方や腕の動かし方に合わせて、線を太くしたり、一つひとつの色の部屋を広くしたりするなど、工夫しましょう。絵の具を混ぜる際は、色数を2色程度におさえるときれいに色が出ます。

ステップ ③

型紙を使って色の部屋を作る

材料
- 画用紙　・型用の画用紙　・絵の具セット
- 新聞紙（下に敷く）　など

作り方
① 枠内に色を塗るのではなく、画用紙に自由に絵の具で色を塗る。
② 型用の画用紙に、四角や三角などの窓をくり抜く。
③ ①の絵の具が乾いたら、上から②を貼り、色の部屋を作る。

活動のポイント

　子どもの発達段階によって、腕全体を使って自由に描きたい時期もあります。写真では、絵の具を塗った画用紙と同じサイズの白画用紙に、四角形や三角形の穴を開けて型を作り、個性的な世界観を楽しみました。色の部屋を作る学習では、ステップ①〜③のような工夫をすることで、発達段階にかかわらず、全員が参加できます。

4 「私の友達！ カラフルモンスター」 はじき絵と独創的な世界観を楽しもう

クレヨンもカラフル！ 絵の具もカラフル！ 最後に目玉をつけてオリジナルのカラフルモンスターの完成です。

作品完成例

こんな子どもたちへ！ 活動と技法

カラフルモンスターは、子どもたちの中にある想像力をかき立てます。「私はかわいいモンスターがいい」「やさしい子にしよう」など、思い思いに表現することができます。画用紙やシール、折り紙などで作ったパーツをつけたり、目玉をつけたりすると、どんどんイメージがふくらんで、オリジナルモンスターが誕生するでしょう。

ステップ 1

クレヨンで線を描く

材料
・画用紙　・クレヨン　など

作り方
❶ できるだけたくさんの色のクレヨンを用意する。
❷ 画用紙の端から端まで、様々な形の線を引く。

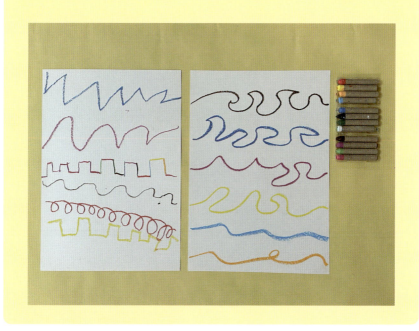

活動のポイント

　波線や直線、ギザギザ、ふにゃふにゃ、カクカク、なみなみ、ざぶーんなど、線を引くだけでも多彩な表現方法があります。クレヨンの筆圧を調整して、線の太さの変化を楽しむ子もいます。「手指をリラックスさせて、自由に線を引こう。たくさんの色を使ってみよう」と言葉かけをして、様々な描き方を促しましょう。

ステップ ❷

水彩絵の具を塗る

材料
- 画用紙　・水彩絵の具　・絵の具セット
- 新聞紙（下に敷く）　など

作り方
❶ ステップ①で描いた絵に、水彩絵の具で色を塗る。
※線と線の間で区切り、色を分けて塗る。あるいは、線からはみ出して色を塗るなど、自由に色を塗る。

活動のポイント

　水彩絵の具を使い、筆に水をたくさんつけて、はじき絵を楽しみます。筆は、丸筆や平筆など、子どもたちが塗りやすいものを一緒に選びましょう。「カラフルモンスター」なので、たくさんの色を使ったり、絵の具を混ぜて自分だけの色を作れるよう促してみましょう。カラーチャート表を板書すると、色を作るときの参考になります。

ステップ ③

モンスターの形に切ってパーツをつけたら完成

材料
・画用紙 ・ハサミ ・のり ・クレヨン ・シール など

作り方
❶ステップ②の絵を子どもがイメージするモンスターの形に切る。
❷画用紙に目玉の絵をクレヨンで描き、ちょうどよいサイズに切る。
❸❶の型に、❷で作った目玉をのりで貼りつける。
❹折り紙などで自由に体のパーツを作ってつけたら完成。

活動のポイント

　ステップ②の絵の具が乾いたら、画用紙を各々イメージするモンスターの形にハサミで切ります。「タコみたいにしたい」「ギザギザカッコよくて口から炎を出すよ」など、想像したモンスターを表現できるように、会話をしながら進めていきましょう。切れたら、折り紙や画用紙、シールなどで体のパーツをつけて完成です。

5 「ゆらゆら浮かぶ！ クラゲ星人」光を感じる製作をしよう

天井からゆらゆらやってきたクラゲ星人。窓際に飾ると、太陽の光にあたって床を虹色に照らします。

作品完成例

こんな子どもたちへ！　活動と技法

　学級の実態から、ハサミを使った活動を取り入れることが難しいこともありますよね。そんなときには、カラーセロハンをのりで貼るだけで完成できる製作をしましょう。

　ボール紙やカラーセロハンをまっすぐ切るだけで事前準備ができるので、気軽に取り組める作品です。

ステップ ①

カラーセロハンを線に合わせて置く

材料
・ボール紙（細長く切る） ・カラーセロハン（細長く切る） など

作り方
① ボール紙に中心線を引く。
② ボール紙の端から端まで、中心線に沿って隙間なくカラーセロハンを並べ、ステップ②でのりを貼るイメージを高める。

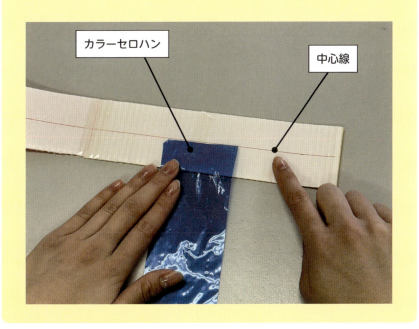

活動のポイント

　事前準備の際には、子どもたちの活動量、表現方法、イメージのしやすさ、飾ったときの様子などを考慮し、必要なだけのボール紙やカラーセロハンを用意します。のりを貼る位置には、線を引く以外にも、シールを貼る、触ってわかるように凸凹を作るなど、必要な工夫をしましょう。色の順番も考えさせながら作業を進めます。

ステップ ❷
カラーセロハンをのりで貼る

材料
・ステップ①のボール紙とカラーセロハン　・のり

作り方
❶ボール紙のステップ①で引いた中心線の下半分に、のりをつける。
❷のりをつけたところに、カラーセロハンを隙間なく貼っていく。

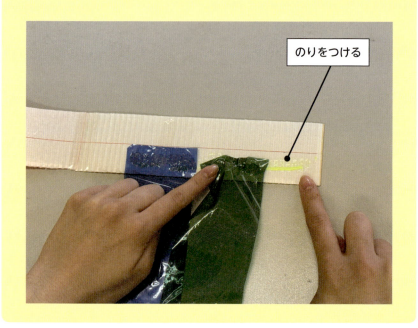

のりをつける

活動のポイント

　瞬間接着剤や両面テープなどではなく、液体のりやでんぷんのりを使用します。貼ったあとも、少しの間であれば動かして位置を修正することができるからです。写真で使ったのりは、のりをつけた部分がわかりやすい色付きのスティックのりです。スティックのりは、手につきにくく次の作業に取り掛かりやすいのでおすすめです。

ステップ ③

目玉をのりで貼る

材料
- ステップ②で製作したボール紙とカラーセロハン　・色紙
- のり　・画用紙　など

作り方
1. ステップ②のボール紙の上部に、幅に合わせて切った色紙を貼る。
2. ボール紙に画用紙で作った目玉をつける（P.43参照）。
3. ボール紙の端と端をのりでつなぎ合わせ、筒状にする。

活動のポイント

　色紙を貼ったボール紙の上に目玉をのりでつけて、クラゲ星人に表情を作りましょう。今回の学習では、「のりをつける」ことを目標にしたので、教室に飾るための紙紐や凧糸をつける工程は、教師が行いました。子どもたちの実態に合わせて活動量を調整していきましょう。

6 「チョッキン！ パー！ 切り紙」
折り紙を切って開いて模様を楽しもう

　手裏剣？ お花？ 雪の結晶？ どうやったら形を作れるか試行錯誤する時間がおもしろく、楽しめるのが切り紙です。

作品完成例

こんな子どもたちへ！　活動と技法

　ハサミや折り紙の学習の導入としても、まとめとしても取り入れられるのが切り紙です。算数の学習と関連付けながら、折り紙で三角形や四角形を作ってみましょう。試行錯誤する時間と、自分のイメージに近づけるために折り方を学ぶ時間を、それぞれ設定すると学習が深まります。

ステップ ①

折り紙を折る

材料
・折り紙

作り方
① 三角形、四角形など、いろいろな折り方を自由に試す。
② ステップ②で切り紙をするため、複数個折る。

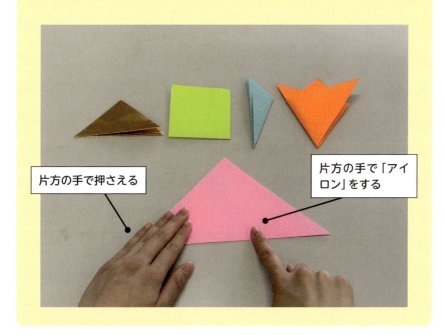

片方の手で押さえる

片方の手で「アイロン」をする

活動のポイント

　この学習で重要なのが、折り目をつけること（アイロン）です。片方の手で紙と紙を合わせた所を押さえながら、もう片方の指でアイロンします。折り曲げた部分を指の先でこするように指導しましょう。折るたびに紙が重なり、かたくなっていきます。折り紙を折るたびに力を入れてアイロンをかけるように促します。

ステップ ❷

折った紙をハサミで切る

材料
・ステップ①の折り紙　・ハサミ　・マジックペン

作り方
❶ステップ①の折り紙に、自由にハサミで切れ目を入れる。
❷入れた切れ目に向かってもう1本切れ目を入れ、切り取る。
※難しい場合は、あらかじめマジックペンなどで線を引き、線の上を切る。

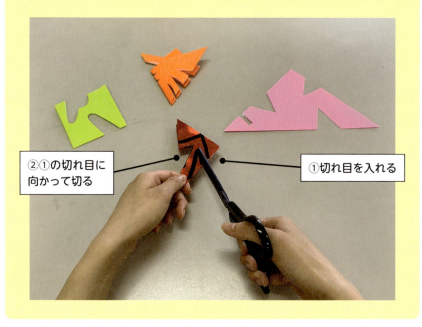

②①の切れ目に向かって切る
①切れ目を入れる

活動のポイント

　必要に応じて持ち手やハサミの角度を声かけします。折り方によっては、切ってしまうとバラバラになり作品にならないこともあります。試行錯誤の時間を大切にしながら進めましょう。子どもによっては、写真のように太いマジックペンで切る部分を示し、黒い部分を切り取るイメージで伝えるとわかりやすい場合もあります。

> ステップ ③

切った紙を開く

材料
- ステップ②の折り紙　など

作り方
1. 少しずつ紙をめくるようにして開き、模様を楽しむ。
2. 「両面折り紙」に貼ったり、ラミネートをしたりして飾ると豪華になる。
3. 複数枚をリボンなどの糸でつなげ、教室に飾ることもできる。

活動のポイント

　折り紙を強く開くと破けてしまう繊細な工程なので、フォローの声かけをしましょう。慣れてきたら、「お花の模様にするためにはどの切り方がいいかな？」「雪の結晶を作るためにはどう折ったらいいかな？」など思考を促すような声かけをします。タブレットなどで折り方を検索して子どもと一緒に折ってみるのもよいでしょう。

7

「ペリッ！ ステンシルシール版画」
指先でシールをはがして楽しもう

貼ってはがせるステンシルシールとローラーを組み合わせて版画に挑戦しましょう。シールをはがすタイミングがポイントです。

作品完成例

こんな子どもたちへ！　活動と技法

　貼ってはがすことができるステンシルシールを使い、シールをはがすタイミングによって、色が変わっていく不思議な技法です。慣れてきたら、シールをはがすタイミングを計算しながら取り組んでみましょう。子どもたちも、「私は夜の世界にして、魔女の宅急便にしたい」など思い思いに想像をふくらませて表現をしていました。

ステップ ❶

ステンシルシールで形を作る

材料
・ステンシルシール　・鉛筆　・ハサミ

作り方
❶ 子どもが自分の作りたい世界観を表現できるように、ステンシルシールに鉛筆で家やキャラクターなどの絵を下書きする。
❷ 下書きしたイラストをハサミで切る。

活動のポイント

　この作品では、完成した見本や活動を事前に見せることが大切です。星やハートなどの単純な形をシールに下書きすると、うまくいくことを示しましょう。シールが小さいと、ステップ②で使うローラーではがれてしまいます。ハサミで切るときに、下書きの外枠を切るように指導し、小さくなりすぎないようにすることがポイントです。

第2章　のびのびと表現できる！　一人ひとりの目標に取り組める図工アイデア

ステップ 2

ローラー版画をして色をつける

材料
- 画用紙　・ステップ①のステンシルシール　・版画用絵の具
- ローラー　・トレイ　・新聞紙（下に敷く）　など

作り方
1. 背景の絵となる画用紙に、ステップ①のシールを貼る。
2. シールの上から版画用絵の具をつけたローラーを転がす。絵の具の色は、赤・黄・青など、表現したいイメージに合わせて選ぶ。

ステップ③でシールをはがすとシール部分が白く残る

活動のポイント

　シールの剥離する面に絵を描くので、完成形は鉛筆で描いた絵とは左右に反転します。「愛」「海の世界」「夜空」など、子どもたちのイメージに合わせて版画用絵の具を用意します。環境設定として、作品の位置は動かさず、使用したい色のトレイとローラーを子どもの手元に移動させるとスムーズに活動できます。

ステップ ③

ローラー → シールをはがす を繰り返す

材料
- 版画用絵の具　・ローラー　トレイ　・爪楊枝
- 新聞紙（下に敷く）　など

作り方
1. 版画用絵の具でシールの上から色をつけたら、シールをはがす。
2. シールをはがした部分が真っ白になり、形が出てくる。
3. 次の色をローラーし、最終的にすべてのシールをはがしたら完成。

シールをはがすと模様が浮かび上がる

P.52 の作品では最後に黄色を重ねた

活動のポイント

　ステンシルシール版画は、どの色のときにシールをはがすかによって作品の色合いが変わります。活動に慣れてきたら、「シールを貼る→ローラー→シールを貼る→ローラー→シールを貼る＆シールをはがす→ローラー→シールをはがす」など、手順の中に「貼る」動作を入れてみましょう。

8 「模様を楽しむ！ 野菜スタンプ」
自分で選んだ野菜で洋服作り

普段、自分たちが食べている野菜でスタンプをする驚きと、野菜の断面の模様や触ったときの感触を楽しむことができる新鮮な活動です。

作品完成例

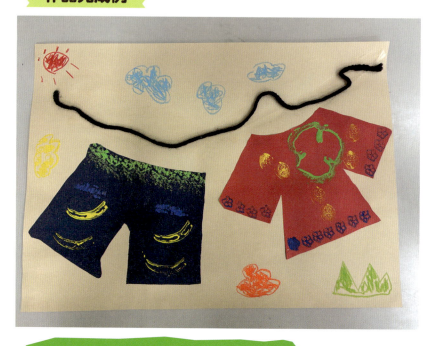

こんな子どもたちへ！ 活動と技法

　畑の野菜や、給食で出た野菜の破片、買い物学習で購入した野菜を使って野菜スタンプを作り、シャツとズボンの模様としてスタンプしていきます（P.59）。どんな模様の服がかっこいいか、どんな色にしたらかわいいかなど、子どもたちがドキドキワクワクしながらできる、作品製作です。

ステップ ①

野菜の断面の模様を観察し、使う野菜を選ぶ

材料
・野菜　・トレイ

作り方
① れんこん、おくら、パプリカ、ブロッコリー、とうもろこし、玉ねぎ、水菜（茎）、にんじんなど断面が特徴的な野菜を集める。
② 学習した断面と同じなのか、野菜を観察する。

活動のポイント

　使用する野菜は、子どもたちと一緒に用意すると意欲が高まります。今回は、子どもたちが馴染みのある野菜を、事前の買い物学習の際に近隣のお店で買ってきました。野菜を子どもたちに提示する前に、野菜スタンプしたものを「これは何の野菜でしょうか？」とクイズ形式で出題しても盛り上がるでしょう。

> ステップ ❷

画用紙を洋服の形に切り抜く

材料
・色画用紙　・ハサミ

作り方
❶色画用紙をTシャツやズボンなど、洋服の形に切る。

画用紙で作った洋服形の台紙

活動のポイント

　ステップ③で野菜スタンプの台紙として使うために、画用紙を切り抜いて洋服を作りましょう。
　洋服はあらかじめ教師が複数のパターンの型紙を用意しておくことで、子どもたちがハサミで切りやすくなります。

ステップ ❸

野菜に絵の具をつけてスタンプする

📦 材料
- 野菜　・トレイ　・ステップ②の洋服形の画用紙
- 版画用絵の具　・新聞紙（下に敷く）　など

✏️ 作り方
❶ 野菜の断面に絵の具をつける。
❷ ステップ②で洋服の形に切った画用紙に、❶をスタンプする。
❸ 模造紙に❷を貼りつける。

活動のポイント

　事前に、シルエットクイズをするなど、野菜の断面を想像できる活動をすると効果的です。また、トレイや野菜を複数個用意すると、全員で一斉に取り組むことができ、誰かの作業の手が止まってしまう事態を避けられます。

9 「人型の紙模型」
自分の体をイメージしてみよう

子どもが自分の姿を自分で描く作品です。写真と紙模型で、自分の体をイメージしながら、イキイキとした自分自身を描きましょう。

作品完成例

こんな子どもたちへ！　活動と技法

　生活単元学習「公園へ行こう」の思い出を振り返り、楽しかった遊具での遊びを絵に描き、発表をする活動です。この学習をふまえ、図画工作では、人型の紙模型を使って人の形のガイド線を引くことができるように取り組み、全身の絵を描くことが初めてだった子どもたちも、動きのある絵を描けるようになりました。

ステップ ①

遊具はクレヨン、背景は水彩絵の具で塗る

材料
・クレヨン　・水彩絵の具　・絵の具セット　・スポンジ

作り方

❶ 視点を絞って描けるように、まずは遊具と背景の空などを描く。遊具はクレヨンで描いて目立たせ、背景は水彩絵の具で筆やスポンジを使って表現する。

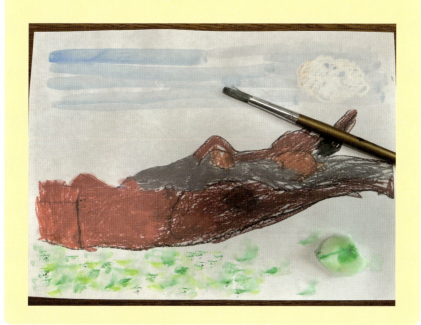

活動のポイント

　塗るときの言葉かけも大切です。空を塗るときは「しゅ〜」と筆が横に流れるように、声に出しましょう。芝生部分を描くときは、スポンジに絵の具をつけて「ポンポン」とスタンプできるように言葉をかけます。遊具と背景が描けたら、その上に遊んでいる自分の絵（ステップ②・③）を木工用ボンドで貼りつけて完成です。

> ステップ 2

自分の体の動きを見て、紙模型で模倣する

材料
- 紙模型（工作用紙と割りピンで作ったもの）
- 拡大印刷した子どもの写真

作り方
1. 教師は、工作用紙と割りピンを使って人型の紙模型を作っておく。
2. 子どもは、拡大印刷した自分の写真と紙模型を見比べながら、紙模型を動かして模倣する。紙模型を動かしながら写真の真似をするとわかりやすい。

紙模型を写真と同じポーズにしよう！

活動のポイント

　子どもは、自分が動いている様子を紙模型で確認することで、描くときのイメージが湧きます。絵で表現するために、「膝が曲がっているね、まねしてみよう」などと実際に紙模型を動かして確認すると、腕や足の動きが明確になります。見ながら動かすことが難しい子どもには、写真の上に模型を重ねて動きを確認させましょう。

ステップ 3

遊具で遊ぶ自分を描く

材料
・紙模型　・画用紙　・クレヨン　・木工用ボンド　・ハサミ　など

作り方
① 紙模型を画用紙の上に置き、ふちを鉛筆でなぞり描きする。
② 写真を見ながら表情を確認したり、紙模型や写真を効果的に活用したりして自分の絵をクレヨンなどで描いていく。
③ ②を切り抜いて、ステップ①の絵の上に木工用ボンドで貼る。

活動のポイント

　紙模型の手が丸いのは、手や指の形に注目させるためです。改めて写真を見ることで、「バランスをとっているから、手の平はパーの形になるのかな？」「(ブランコやうんていで) ぎゅっと握ると手はグーになるね」などの気付きがあります。さらに写真と同じポーズをとることで、実際の手の動きも確認できます。

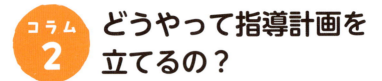

コラム2 どうやって指導計画を立てるの？

　小学校で学習をする表現活動では、「造形遊び」「絵」「立体」「工作」など様々な方法があります。図画工作のような教科の目標を立てるときにも、たとえば自立活動を計画するときと同じように、「実態把握」を一番に考えて計画をしていきましょう。

① 子どもたちの実態を把握する
② 題材の目標を考える
③ 主となる活動を考える
④ 個別の目標を考える
⑤ 個別の活動（技法や道具なども含む）を考える
⑥ 指導計画を作成する
⑦ 学習形態を考える
⑧ 指導・支援の方法を考える
⑨ 必要な材料や学習道具を準備する
⑩ 環境設定をする
⑪ 必要な環境調整をする
⑫ 本時の指導案を作成する（授業の流れや評価基準など）

※指導計画には、年間指導計画、学期計画、月計画、題材計画など、地域や学校によって様々な計画があります。作成することだけが目的とならないように、「子どもたちが見通しをもって学習ができる環境づくり」「安心して自分の力を発揮することができる環境づくり」「教職員同士がスムーズに連携し、協力して授業を行うことができる環境づくり」の大切さを忘れないようにしましょう。

第3章

クラス全員が活躍できる！
みんなで取り組む図工アイデア

1 「春を感じる！ 成長を願う桜の木」 ちぎり絵とスタンプで表現しよう

進級や卒業など、春は成長を願う季節です。春のシンボルである桜の木を学級に飾り、学級みんなで笑顔満開に過ごしましょう。

作品完成例

こんな子どもたちへ！ 活動と技法

　春は、6年生との別れや進級などがあり、寂しい気持ちもあるけれど、自分や友達の成長をお祝いできる大切な季節です。子どもたちが、自分や友達の成長を願えるような声かけをしましょう。

　この作品では、満開の花びらを桜の花びら形の消しゴムハンコとびりびり破いたお花紙で表現していきます。

ステップ ❶

消しゴムはんこでスタンピング

材料
- ピンク色の模造紙
- 消しゴム（ハサミやカッターで型を作る）
- 版画用絵の具

作り方
❶ 春の雰囲気を出すために、ピンク色の模造紙を用意する。
❷ 桜の花の形に切った消しゴムに、ピンク色の絵の具をつける。
❸ ❶に❷を押しつけて、スタンピングする。

活動のポイント

　子どもたちの実態に応じて、たとえば手先の発達をさらに促したい子の場合、消しゴムハンコの製作から計画してもよいでしょう。既製品を使う場合は、子どもたちの手の大きさに合わせて選びます。消しゴムの厚さが薄くて持ちにくそうにしている子どもがいたら、消しゴムを2個重ねると、厚みができて持ちやすくなります。

第3章　クラス全員が活躍できる！みんなで取り組む図工アイデア

ステップ 2

スチレンボードでぱったん版画

材料
- スチレンボード
- ハサミやカッター
- 鉛筆や粘土用ヘラ
- 版画用絵の具

作り方
1. 作りたい桜の木の大きさや模造紙のサイズに合わせて、スチレンボードを切る。
2. スチレンボードに鉛筆などで傷をつけ、木目をつける。
3. 版画用絵の具をつけ、ステップ①の模造紙に押し当ててすべらせ、木の幹を表現する。

活動のポイント

　鉛筆を使ってスチレンボードに引っかき傷をつけるだけで、桜の木目をダイナミックに表現できます。上から下に向かって、縦に傷をつけるように声かけをします。スチレンボードの用意ができたら、版画用絵の具をつけて、「ぱったん！(模造紙につける)」「ぐっぐっ！(押し当てる)」「ぱっ！(離す)」のリズムで写しましょう。

ステップ ③

お花紙をびりびり破いてちぎり絵

材料
・お花紙（ピンク・黄・白）　・のり

作り方
❶ 3色のお花紙を破る。
❷ お花紙にのりをつける。
❸ ステップ②の模造紙に貼りつける。

活動のポイント

　お花紙で満開の桜が表現できます。のりが透明で混乱する子がいる場合は、色付きのりを使用するとぬった位置がわかるようになります。
　お花紙をびりびりと破く感触も楽しむことができる作業です。普段の生活の中では、「紙を破く」機会が少ないので、技法としてお花紙を破いてもよいことを納得させるような声かけをします。

2 「元気に泳げ！ こいのぼり」
偶然できる模様を楽しもう

5月は、こいのぼりを製作してみましょう。個人の作品を集めて1つの作品にすることでダイナミックな表現が生まれます。

作品完成例

こんな子どもたちへ！ 活動と技法

　個人用は、手持ちこいのぼりのサイズや画用紙1枚のサイズで作ります。全体用は、模造紙や大きなビニール袋などのサイズで作ります。上の画像では、子どもたち一人ひとりの作品を大きなこいのぼりのウロコとして表現してみました。展示スペースがあれば、天井から吊るすと迫力満点です。

ステップ ❶

折り紙や和紙でペタペタちぎり絵

🧵 材料
・画用紙　・折り紙　・和紙（色や模様あり）　・のり

✏️ 作り方
❶ A4サイズなどの画用紙を用意する。上2箇所の角を丸く切る。
❷ 折り紙や和紙をちぎり、こいのぼりのウロコを作る。
❸ ❷にのりをつけて、❶に貼りつける。

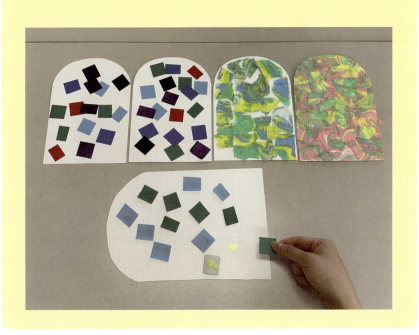

活動のポイント

　図工の学習目標の他に、目と手の協応、空間を埋める、1枚ずつ貼る、などの自立活動の学習目標を設定しながら、取り組むことができる活動です。子どもたちの実態に応じて、画用紙の厚さや大きさを調整しましょう。他にも、デカルコマニー（P.72）やマーブリング（P.73）など、様々な技法を使える作品です。

> ステップ ❷

開いてびっくりデカルコマニー（写し絵）

🧰 材料
・水彩絵の具　・画用紙（厚め）

✏️ 作り方
❶ A3サイズなどの画用紙を半分に折り、広げた後、どちらか半面に好きな色の絵の具をつける。
❷ 絵の具がついているほうを内側にして、再度半分に折る。
❸ 画用紙の上から全体を手のひらでこすり、両面に絵の具をつける。
❹ 半分に切り、上2箇所の角を丸く切る。

活動のポイント

　絵の具の入っているチューブから画用紙へ、ダイレクトに色をつけて表現します。量の調整が難しい様子が見られる場合には、筆に絵の具をつけて描いてもよいでしょう。どんな模様になるのか事前に想像していても、予想外な作品になることがある面白い技法です。

ステップ ③

ゆらゆら不思議なマーブリング（墨流し）

材料
・マーブリング液　・トレイ　・水　・爪楊枝　・画用紙

作り方
1. トレイに水を張り、マーブリング液を垂らし、爪楊枝を使って模様をつける。
2. 模様ができたら、水面に画用紙を載せ、模様を転写する。
3. 画用紙を数秒載せたら持ち上げ、完全に乾くまで待つ。
4. 上2箇所の角を丸く切る。

活動のポイント

　マーブリングを行う際には、スムーズに活動できるように、子どもたちの動線を意識した環境を整えるとやりやすいです。あらかじめペットボトルに水を入れておき、子どもが自分で水を補充できるようにする、トレイは机の近くに置き、移動を最小限にする、など配慮をしましょう。

3 「夜空に輝く！ 打ち上げ花火」
トントンするだけスタンピング

夏といえば花火を思い浮かべる人は多いのではないでしょうか？
指やストローなどを使い、準備時間5分で花火を作りましょう。

作品完成例

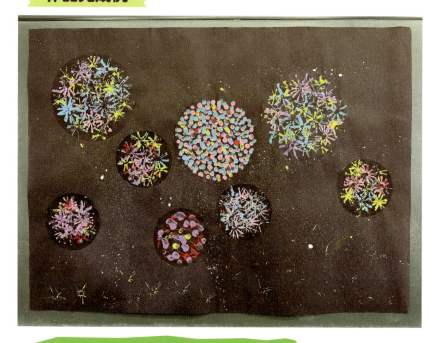

こんな子どもたちへ！　活動と技法

　子どもが絵の具の感触を楽しむことができるようになったり、道具を使って絵の具を表現することに興味が出てきたりしたら、思う存分絵の具を使って表現できるスタンピングがおすすめです。
　スタンピング（P.76、P.77）が難しい子どもたちは、まずはスパッタリング（P.75）で夜空を表現できるように指導しましょう。

ステップ １

簡単スパッタリング（霧吹き）

材料
- 模造紙（黒） ・ブラシ ・金網（スパッタリング用）
- 水彩絵の具（白・黄） （・スプレーボトル） （・たわし） など

作り方
1. 黒色の模造紙を用意する。
2. 模造紙に網をかざし、絵の具をつけたブラシを網にこする。
3. ブラシをこすりながら、絵の具のしぶきを飛ばし星空を表現する。

活動のポイント

　網をこするのが難しい子の場合は、スプレーボトルを使うのがおすすめです。絵の具をスプレーボトルに入れ、プッシュするだけで星空の模様ができるでしょう。

　他に、たわしに絵の具をつける方法もあります。絵の具のついたたわしを指ではじくと、勢いよく絵の具を飛ばすことができます。

第3章　クラス全員が活躍できる！みんなで取り組む図工アイデア

> ステップ ❷

トントン楽しい指スタンピング

📦 材料
・画用紙（黒）　・パレット　・水彩絵の具　・水　（・手袋）

✏️ 作り方
❶ 黒い画用紙をいろいろな大きさの丸に切る。
❷ パレットにたくさんの色の絵の具を用意し、水でのばす。
❸ 画用紙に、指で様々な色の絵の具をつけ、花火の模様にする。

指につけた絵の具で模様を表現！

活動のポイント

　まず、絵の具の濃さに注目します。サラサラとした感触やトロトロとした感触など、水の量によって感触が変わるので、作品のイメージや子どもたちの触覚を確認しながら、教師が絵の具を作りましょう。絵の具の感触が苦手な子は、手袋を着用すると活動に参加できることが多いので、必要であれば用意します。

ステップ ❸
花が舞うようなストロースタンピング

材料
・画用紙（黒） ・ストロー ・水彩絵の具 ・水 ・パレット

作り方
❶ 黒い画用紙をいろいろな大きさの丸に切る。
❷ ストローに6箇所の切り込みを入れて開く。
❸ ストローの切り込みを入れた面に絵の具をつけ、画用紙にトントンと押しつけて、花火を表現する。

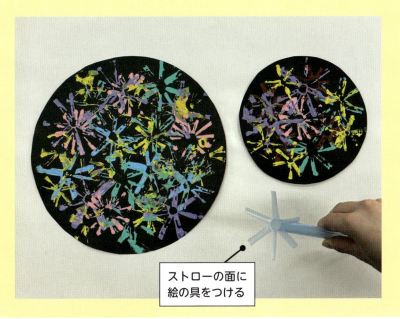

ストローの面に絵の具をつける

活動のポイント

　花火のような形をスタンピングしながら楽しめます。花火の大きさによって、ストローの切り込む長さを決め、なるべく同じ長さに切り込みを入れます。太いストローを選ぶと、切り込みを入れて開いたときに、絵の具が画用紙につきにくくなってしまうので細いストローを選びましょう。

4 「すいすいあつまれ！ カラフル魚」
国語で学んだ海の世界を表現しよう

国語で学習した物語文に出てきた海・魚を表現しました。全員が知っている題材を全員で製作して、学級への帰属感を高めます。

作品完成例

こんな子どもたちへ！　活動と技法

　図画工作の授業を行いたいけれど、子どもたちの実態がバラバラで活動を進めることが難しいときや、様々な活動を取り入れてダイナミックな作品を作りたいときにおすすめです。

　ぜひ、活動の前に全員で絵本を読むなどしてイメージをふくらませてから取り組みましょう。

ステップ 1

そのままコロコロ！ ローラー版画

材料
・模造紙　・版画用絵の具　・トレイ　・ローラー

作り方
① トレイ全体に、まんべんなく版画用絵の具を出す。
② ローラーに絵の具をつける。
③ 作品の土台となる大きな模造紙に、コロコロとローラーをかける。

活動のポイント

　ローラーを使って、模造紙に直接色をつけ、海の中の世界を表現します。ローラーについている絵の具の量や、子どもたちの手の力加減で模様が変わる楽しい活動です。
　基本的には、子どもたちが自由にローラーを転がして楽しみ、教師は必要に応じて手を添えるなどの支援をします。

第3章　クラス全員が活躍できる！　みんなで取り組む図工アイデア

> ステップ❷

海藻を表現するツルツル！ 凸凹！ プチプチ版画

材料
・レースやプチプチ　・模造紙　・版画用絵の具　・トレイ　など

作り方
❶レースやプチプチなど凹凸のある素材を用意する。
❷❶の素材を海藻の形に切り、型を作る。
❸❷の型に版画用絵の具をつけ、海に見立てたステップ①の模造紙に押しあてる。
❹使用した型（版）や素材を模造紙に貼りつける。

活動のポイント

　素材によって変わる絵の具の模様にワクワクしながら楽しめます。紙、レース、プチプチなど、様々な素材を組み合わせて海藻を表現しましょう。版として使用した素材も模造紙に貼ることで立体感のある芸術的な作品にすることができます。完成したら、土台となる模造紙に貼りつけます。

ステップ ③

折り紙で鮮やかに完成！ カラフル魚

材料
・折り紙 ・ホチキス ・鉛筆 ・ハサミ ・のり など

作り方
① いろいろな色の折り紙を何枚か重ねて、四隅をホチキスで留める。
② 一番上の折り紙にのみ、鉛筆で魚の輪郭を描く。
③ 折り紙を重ねたまま魚の輪郭に沿ってハサミで切る。
④ ステップ②の模造紙に魚が泳いでいるように貼る。

活動のポイント

　何色の魚がいるのかな？ 子どもたちと一緒にのりを使って、コツコツと貼って海の中を表現します。
　これらの工程は、たとえばハサミで切る際、教師が子どもが自分で切れる枚数に調整するなど、子どもたちの実態に応じて活動の量を調整することが大切です。

第3章 クラス全員が活躍できる！ みんなで取り組む図工アイデア

5 「秋を感じる！ 紅葉カーテン」 ハサミで様々な切り方を試そう

秋の深まりとともに色づく美しい紅葉。立体的な作品作りで鮮やかな秋の色彩を楽しみましょう。

作品完成例

こんな子どもたちへ！　活動と技法

　子どもたちと一緒に学校や地域を散策してみましょう。どんぐりや松ぼっくり、落ち葉や枝など、秋を感じる素材を発見することができます。「秋を表現したい！」という声が出たら、大きな模造紙を使って立体的な紅葉を表現しましょう。筆で秋の風を表現したり、紅葉のカーテンを吊るしたりなど、アレンジは無限です。

ステップ 1

筆だけで秋の風を表現する！ 筆跡 & かすれ

材料
・模造紙（赤） ・水彩絵の具 ・水 ・筆（写真は平筆） など

作り方
1. 水に溶いた白色や黄色などの絵の具を用意する。
2. 筆に絵の具をつけ、模造紙にサッと塗り、風の模様を描く。
3. 筆の向きを変えたり点を打つように塗ったりし、様々な表現をする。

活動のポイント

　筆だけで色をのせるダイナミックな技法です。筆の形が複数あると、より豊かなバリエーションを楽しめるでしょう。また、絵の具を溶く水の量を少なくしたり、筆につける絵の具を減らしたりすることで、かすれさせることができます。色がかすれると薄い色の表現ができるので、色を重ねていくときにも使えます。

ステップ ❷

厚紙で紅葉が描ける！ 紅葉の型取り

🧰 材料
・厚紙　・画用紙（赤・黄）　・鉛筆やマジックペン　・ハサミ　など

✏️ 作り方
❶ 教師がもみじやいちょうの形の型を厚紙で作る。
❷ 子どもが❶の型を画用紙に当て、型の外側に線を描く。
❸ 子どもが、❷で描いた線に沿って、ハサミでもみじやいちょうの形に切る。

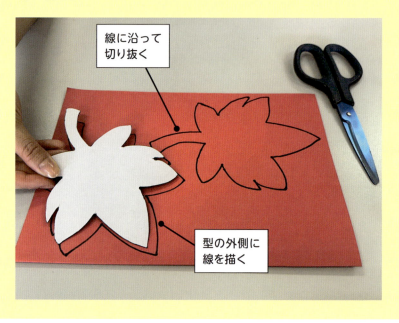

活動のポイント

　線の上をハサミで切ります。画用紙の持ち方や、ハサミを入れる方向などが学習できます。ハサミを指導する際には、手を添えて一緒に動かしたり、ハサミを入れる方向を矢印で書いたりして、支援をしましょう。また、画用紙にスペースの無駄のないように型を置くことで、たくさんのもみじやいちょうを作ることができます。

ステップ ❸

ゆらゆら揺れる紅葉のカーテン

🧰 材料
- のり（もしくはセロハンテープや両面テープ）
- 紙テープや天糸（釣り糸）　など

✏️ 作り方
1. もみじやいちょうの裏に、のりやテープをつける。
2. 紙テープや透明な天糸を挟み込む形で2枚の葉を貼り合わせていく。
3. 天井や模造紙の上部から❷を吊るし、立体的に表現する。

活動のポイント

　もみじやいちょうをつなぐとき、取り入れたい学習が、「貼る」という指先の運動であれば、のりやセロハンテープを使用し、「貼る、はがす」という指先の運動であれば両面テープを使用します。

　立体感のある作品は目を惹きます。模造紙の前方に紅葉のカーテンを吊るすと、紅葉が風に揺れているように見えてきれいでしょう。

6 「自然を感じる！ 落ち葉貼り」
秋の素材でライオンキッズのお面作り

秋から冬にかけて、校庭や公園には、落ち葉やどんぐりなど図画工作で使用できる素材がたくさんあります。ぜひ、取り入れましょう。

作品完成例

こんな子どもたちへ！ 活動と技法

　授業参観や学習発表会などで劇をする予定があるときには、生活単元学習や図画工作と関連付けて、お面作りをすることがおすすめです。秋や冬には、乾いている自然物が多く、作品作りの素材に大活躍します。今回の作品では、落ち葉を活用してライオンの顔を表現しています。

ステップ ❶

落ち葉＋スタンピングでライオンを描こう！

材料
- 画用紙　・落ち葉　・ティッシュペーパー　・ガーゼ
- 割り箸　・輪ゴム　・水彩絵の具　など

作り方
❶ 画用紙の中心に、ペンや落ち葉を使ってライオンの顔を描く。
❷ 数枚のティッシュペーパーを丸め、ガーゼなどの布で包む。
❸ 割り箸の先端に❷を輪ゴムで固定し、「ぽんぽん」にする。
❹ ❶で描いた顔の周りに絵の具をつけた「ぽんぽん」でスタンピングし、たてがみを表現する。

絵の具をつけた「ぽんぽん」でスタンピング

第3章　クラス全員が活躍できる！みんなで取り組む図工アイデア

活動のポイント

　まず、画用紙の中心にライオンの顔を作ります。鉛筆で顔の輪郭を描き、マジックペンや絵の具で描いたり、落ち葉をボンドで貼ったりして顔を表現します。顔の周りに、絵の具をつけた「ぽんぽん」でスタンピングすると、ライオンのたてがみのように見えるでしょう。

ステップ ❷

放射線状塗りと落ち葉でたてがみを表現しよう

材料
・画用紙 ・平筆 ・水彩絵の具 ・落ち葉 ・木工用ボンド など

作り方
❶画用紙でライオンの顔の型を作り、土台の画用紙の中央に置く。
❷絵の具をつけた平筆を、型から外側に向かって放射線状に動かす。
❸型をはずし、顔の周りに落ち葉を木工用ボンドで貼る。
❹ペンなどで顔を描く。

活動のポイント

　子どもたちが集めてきた落ち葉を貼って立体的なたてがみにします。木工用ボンドは接着に時間がかかるので、できあがった作品はラップなどでおおい、重しを置いて乾かしましょう。最後に顔を中央に描いて完成です。

ステップ ③

落ち葉貼りの顔はめパネル風

材料
・画用紙 ・ハサミ ・落ち葉 ・木工用ボンド など

作り方
1. 画用紙に顔サイズの輪郭を描き、ハサミで切り抜く。
2. ①の画用紙に、落ち葉を木工用ボンドで貼る。
3. ライオンの耳や鼻をつけ足し、オリジナルの顔はめパネルを作る。鼻は手持ちできるよう貼りつけないでおく。

活動のポイント

　①ハサミで切り抜く、②落ち葉を貼る、③ライオンの耳や鼻を作る、の3つの手順で進めます。顔をはめてライオンキッズ（劇の役）になりきることができる作品です。作品を掲示するだけではなく、実際に授業参観などで披露して満足感を高めましょう。

7 「くるくるスチレンボード版画」 3色の重なりを楽しもう

青・黄・赤の3色の色の重なりとボードを回転させてできる偶発的な模様を楽しむことができる技法です。

作品完成例

こんな子どもたちへ！　活動と技法

　子どもたちみんなに同じテーマで指導したいけれど、絵の具を触ることを怖がる子やスチレンボードの素材が苦手な子もいて、一斉での指導が難しいときもあります。そんなときは、役割分担をして作品を作り、それを組み合わせて表現する活動にします。掲示したり、カレンダーにしたりすることで、全員が達成感をもてます。

ステップ ❶

模様をつけたスチレンボードを版にする

材料
- スチレンボード　・鉛筆や粘土用のへら
- 版画用絵の具（青・黄・赤）　など

作り方
❶ スチレンボードを丸に切り抜き、版を作る。
❷ スチレンボードの表面に、鉛筆などで線や絵を描き、凸凹の版画の模様を描く。
❸ 裏面に、刷る順番と位置の目印になるよう、その色の数字を書いておく。

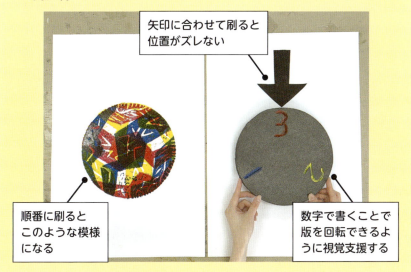

矢印に合わせて刷ると位置がズレない

順番に刷るとこのような模様になる

数字で書くことで版を回転できるように視覚支援する

活動のポイント

　版の位置をそれぞれ回転させ、模様の交わりを楽しみます。版の裏面に１（青）２（黄）３（赤）と印を書きます。この順番通り、版に青色を塗り、１と読める向きで刷る。次は黄色を塗り、２と読める向きに版を回転させて刷ります。ステップ②（P.92）でも説明します。

ステップ❷

スリスリグッグッ！　刷り場担当

📦 材料
・模造紙　・ステップ①で作った版　・ローラー
・版画用絵の具　など

✏️ 作り方
❶ローラーに青い絵の具をつけ、版にローラーで色をつける。
❷模造紙に❶を押し当てて写す。
❸ステップ③の要領で版を洗ってから、黄→赤の順番で同じ位置に、版を回転させた状態で押し当てる。

活動のポイント

　慎重な子、力加減が絶妙な子など、それぞれの強みを生かせる活動です。絵の具は少しずつトレイに出し、ムラができたり、大量につけてしまわないようにしましょう。版を使い回す場合、版画が終わったら、すぐに洗い場担当に渡します。時間が経ってしまうと、別の色を重ねても色の重なりがきれいに表現できません。

ステップ ③

ジャージャーキュッキュッ！ 洗い場担当

🧽 **材料**
・ステップ②で使った版　・たわし　・雑巾　・新聞紙　など

✏️ **作り方**
❶ 洗い場で版をたわしを使って洗い、雑巾で拭く。
❷ 新聞紙の上に、版の表面を下向きにして置く。
❸ 版を叩くようにして水を新聞紙に飛ばし、スピーディーに乾かす。

活動のポイント

　水を触るのが好き、洗う・拭くのが好き、などの子どもの強みを生かせる活動です。作品の色の重なりがきれいに出る条件として、①前の色が残っていないこと、②スチレンボードの型に水が残っていないこと、があります。教師も一緒に丁寧に色を落としましょう。水が残っていると、色がにじんだりするので注意が必要です。

活動内容や子どもの実態に合わせた学習環境

　授業をどこで実施するのかは、子どもたちがのびのびと学ぶことができるように、それぞれの活動によって適切な場所を計画しましょう。

【教室】
　教室のメリットは、普段過ごしている安心できる場所で学習することができることです。子どもたちが道具の位置などを把握しているため、スムーズに活動することができます。

【図工室・工作室・美術室など】
　図工室等のメリットは、大きなテーブルや整備された水場、豊富な材料があることです。版画やフィンガーペインティングなど、広々としたスペースで行いたい活動におすすめです。

【校庭・体育館など】
　校庭などのメリットは、広々とした空間や実物を見ることができることです。校内にあるビオトープで植物を観察したり、遊具を写生したりすることができます。

【自宅・病院・施設など】
　自宅等への訪問教育や院内学級など、学校ではない場所では、オンライン上で学びます。このメリットは、子どもたちの体調に配慮できることです。保護者や関係者と一緒に、それぞれの場所によって可能な学習を考えていきましょう。

第4章

クラス全員の達成感・満足感が高まる！鑑賞活動

「すてきなところを発見！ 鑑賞活動」 自分や友達のよさを見つけよう

図画工作で大切なことは、「描きっぱなし、作りっぱなし」で終わらせないことです。鑑賞カードなどを効果的に活用しましょう。

鑑賞の楽しさを味わう授業を計画しよう

多様な作品に触れる機会を計画します。子どもたちと一緒にバスに乗ったり、歩いたりして、近隣の美術館や絵画コンクールなどに出かけてみましょう。様々な場所で作品に触れる機会をつくることで、芸術的感覚を養います。

校内の友達や地域の人に自分の作品を発表しよう

自分で一生懸命表現をした作品を発表する場を設けます。描いて終わり、作って終わりにならないように、作品を発表する場を用意することが大事です。子どもたちの自己肯定感を高め、他者への理解を深めましょう。

作品を鑑賞し、認め合う時間を計画しよう

友達の作品を鑑賞し、お互いの作品のよいところを見つけ、互いに認め合える時間を計画します。美術館などで鑑賞をした際には、意見交換をすることで、多様な視点を持つことができるような機会をつくりましょう。

鑑賞するためのツールを工夫しよう

「どういった視点で作品を鑑賞すればよいのか？」を鑑賞カードや紹介カードなどで具体的に示すことで、参加しやすい授業づくりをします。

鑑賞カードを活用しよう

　鑑賞をする際には、鑑賞カードなどのツールを活用しましょう。自分で自分の作品のよさに気づくこと、自分の思いや考えを言語化することを大切にします。それは、友達の作品のよさに気づくこと、認めることにつながります。

　鑑賞には、活動を通して、学級全体をあたたかくする力があります。自分や友達を肯定的に見ることができるように声かけをしていきましょう。

　本書で紹介をする鑑賞カードはコピーして使用することができるので、用途に合わせて使用してみてください。

▶作品紹介カード
→自分の作品について、気づき・思い・考えをまとめます。

▶作品鑑賞カード
→作家や友達の作品について、気づき・思い・考えをまとめます。

▶作品カード
→教師の賞賛のコメントを入れて、作品の下に貼ります。

▶作品発表カード
→教師や友達に発表するときの台本として作成・活用します。

▶いいねカード
→作品交流などで、一言コメントを書いて相手に思いを伝えます。

2 「ここに注目！ 作品紹介カード」 自分の作品のよさを伝えよう

作品紹介カードに記入することは、表現にとどまらず、自分の作品に向き合う時間になります。大切に考えていきましょう。

作品紹介カード　　　月　日

3 年　あさがお 組　1 番　名前　たかはしひな

テーマ
はのポスターをかこう

作品名
ぴかぴか！　きれいなは

表現で工夫したところ

- ☑ かたち　　　□ くわしく書く
- □ いろ
- □ 作品名
- □ 材料

感想　気づいたこと。楽しかったところ。面白かったところ。好きなところ。またやりたいところ

ほんものみたいなはがかけるように、
がんばりました。
はぶらしがじょうずにできました。

活動のポイント

　表現活動の後に振り返りの時間を設定すると改めて作品のよさを味わったり、それを相手にどのように伝えたらよいか考える学びになります。表現で工夫したところは、チェックを入れるだけでもよいので、時間のないときでも思考の整理に役立てることができます。

月	日

作品紹介カード

□年 □組 □番 名前 _____

テーマ

作品名

表現で工夫したところ

□かたち　　□くわしく書く

□いろ

□作品名

□材料

感想
気づいたこと、楽しかったところ、面白かったところ、
好きなところ、またやりたいところ

第4章

クラス全員の達成感・満足感が高まる！ 鑑賞活動

3 「思いを伝える！ 作品鑑賞カード」 見て感じたことを表そう

画家や友達の作品を鑑賞する授業を取り入れましょう。どこに注目すればよいのか作品鑑賞カードがヒントとなって鑑賞力を養えます。

月　日

作品鑑賞カード

4 年　あさがお 組　2 番　名前 こばやしけいだい

テーマ

はのポスターをかこう

作者・作品名

たかはし　ひな 作

ぴかぴか！　きれいなは

鑑賞するところ（作品のよさを感じよう）

☑ どんな形？　　　　　　☐ どんな色？
☑ 作品名から感じることは？　☐ 印象は？（あたたかい・さわやか・こわいなど）
☐ 好きなところは？　　　☐ 何かに似ている？（どうぶつ・たべものなど）

感想 気づいたこと、感じたこと、考えたこと

大きな口とはがかっこいいです。

ぴかぴかのはがすごいです。

活動のポイント

　画家や友達の作品を鑑賞する場面での着眼点（形や色など）を示すことで、自分の言葉で表現できるように支援した作品鑑賞カードです。全体指導でも個別支援でも活用することができます。

月	日

作品鑑賞カード

◯年 ◯組 ◯番 名前 [　　　　　　　]

テーマ

作者・作品名

--作

鑑賞するところ（作品のよさを感じよう）

☐ どんな形？　　　　　　　　☐ どんな色？

☐ 作品名から感じることは？　☐ 印象は？（あたたかい・さわやか・こわいなど）

☐ 好きなところは？　　　　　☐ 何かに似ている？
　　　　　　　　　　　　　　　　（どうぶつ・たべものなど）

感想　気づいたこと、感じたこと、考えたこと

第4章

クラス全員の達成感・満足感が高まる！ **鑑賞活動**

101

4 「アピールできる！ 作品カード」
作品の好きなところを表現しよう

子どもたちが自分の作品に愛情を込めることができるように、完成した作品に作品カードを添えて教室や廊下に掲示をしましょう。

作品カード　　　のりしろ

| 3 年 | あさがお 組 | 1 番 | 名前 | たかはしひな |

作品名　ぴかぴか！ きれいなは

見てほしいところ

おおきなはとはぶらし

コメント

作品カード　　　のりしろ

| 4 年 | あさがお 組 | 2 番 | 名前 | こばやしけいだい |

作品名　はみがきでむしば0

見てほしいところ

はがひかっているところ

コメント

作品カード　　　のりしろ

| 4 年 | あさがお 組 | 3 番 | 名前 | わたなべたいが |

作品名　げんきなは

見てほしいところ

はのかたち

コメント

活動のポイント

　子どもたちが自分の名前や作品名を書いて作品カードを完成させます。何を書こうか迷っている場合には、教師が具体的にポイントを示すようにしましょう。掲示の際に、完成した作品に貼って使います。

作品カード　　　　のりしろ

□年　□組　□番　名前

作品名

見てほしいところ

コメント

作品カード　　　　のりしろ

□年　□組　□番　名前

作品名

見てほしいところ

コメント

作品カード　　　　のりしろ

□年　□組　□番　名前

作品名

見てほしいところ

コメント

第4章　クラス全員の達成感・満足感が高まる！　鑑賞活動

5 「言語化できる！ 作品発表カード」 みんなの前で発表しよう

何を伝えたいのかを言語化することで、友達や保護者の前で発表することができます。とくに色や形に注目できるようにしましょう。

作品発表カード　　月　日

4 年	あさがお 組	3 番	名前 わたなべたいが

① これから [＊　　げんきなは　　] の
　紹介をします。

② 一番見てほしいところは、
　[ほんものみたいなはのかたち] です。

③ 色の工夫では、
　[白いえのぐできれいにぬりました。]

④ 形の工夫では、
　[かがみをみながらほんものみたいにか
　きました。]

⑤ これで [＊　　げんきなは　　] の
　紹介をおわります。

⑥ ありがとうございました。

活動のポイント

作品発表カードは、表現活動や鑑賞活動を通して感じたことや考えたことを、授業参観などで発表する機会で活用します。穴埋めで記入し、完成すると、そのまま台本として活用することができます。

月　日

作品発表カード

□年　□組　□番　名前 □

---

① これから ★[　　　] の
紹介をします。

② 一番見てほしいところは、

[　　　　　　　　　　　　　　] です。

③ 色の工夫では、

[　　　　　　　　　　　　　　]

④ 形の工夫では、

[　　　　　　　　　　　　　　]

⑤ これで ★[　　　] の
紹介をおわります。

⑥ ありがとうございました。

第4章

クラス全員の達成感・満足感が高まる！　鑑賞活動

105

6 「あなたもすてきだね！ いいねカード」 お互いの作品を認め合おう

友達の作品を見てほめ合うことができる活動を取り入れます。図画工作の授業を通してあたたかい学級づくりをしましょう。

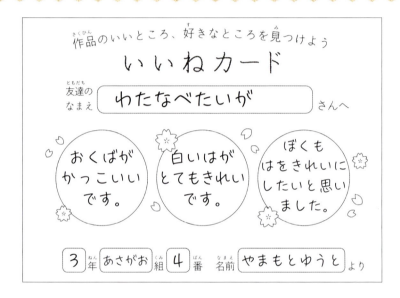

活動のポイント

　図画工作では、完成した作品を掲示スペースに飾って活動が終わりとなってしまう様子が見られます。国語や特別活動などと関連付けながら、作品カードを使って認め合う機会やほめ合う機会を設定してみましょう。学級全体があたたかい雰囲気に包まれます。

　思いや考えの言語化が難しい場合には、右ページのフレーズ一覧で事前指導をすると効果的です。子どもたちがあたたかい言葉で表現できるように指導しましょう。また、P.108・109 に四季を感じる「いいねカード」を用意しました。ぜひご活用ください。

自分や友達の作品のいいところ、好きなところフレーズ

・この作品を見て、心が明るくなりました。
・細かいところまでよく描かれていて、すごい集中力です。
・全体的にバランスがすてきで、見ていて気持ちがよくなりました。
・想像力豊かで、ユニークな作品です。
・この作品から、○○さんの優しい気持ちが伝わってきました。
・○○さんの個性がいっぱい詰まった作品です。
・この作品を見ると、○○さんの好きなことが伝わってきます。
・○○さんの作品を見ると、いつも元気をもらえます。
・○○さんが書いた物語を読んでいるみたいです。
・この青色の使い方がすてきだね。海みたいで涼しいです。
・暖色系の色の組み合わせが、あたたかい気持ちになります。
・空の部分のぼかし方が、とてもきれいです。
・この模様、どうやって描いたの？ すごく面白いです。
・この絵の奥行き感がすごいです。
・この作品の背景、幻想的ですてきだね。
・クレヨンでこんなにたくさんの色を出せるなんてすごいです。
・この絵の具の重ね方が、とてもきれいです。
・この作品に使われている材料は何ですか？ 面白いです。
・この作品は、○○さんの気持ちが形になったみたいです。
・この絵は、見ている人を笑顔にする力があります。
・この作品は、私にも勇気をくれます。
・この作品は、とても独創的で面白いです。
・この作品は、まるで一冊の本を読んでいるみたいです。
・○○さんの作品は、私にとって宝物です。

作品のいいところ、好きなところを見つけよう
いいねカード

友達のなまえ　_____　さんへ

○　○　○

□年　□組　□番　名前_____　より

作品のいいところ、好きなところを見つけよう
いいねカード

友達のなまえ　_____　さんへ

○　○　○

□年　□組　□番　名前_____　より

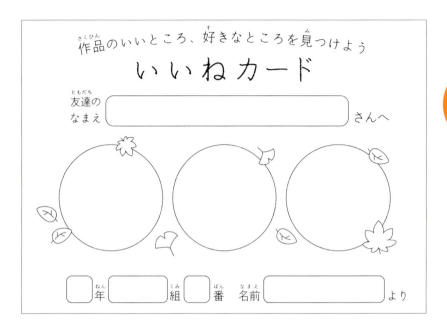

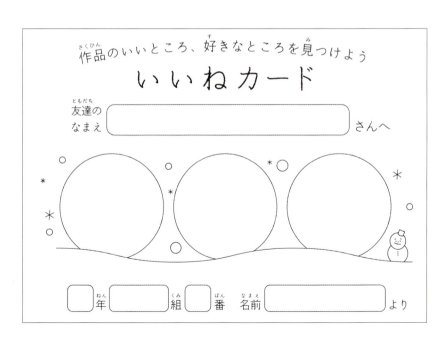

共同製作と共同作品は何が違うの？

【共同製作】
　共同製作では、学級の子どもたちが一緒に1つの作品づくりをします。絵の具を使ったり折り紙をしたりなど、それぞれの活動内容を1つの作品で表現します。全員で取り組んだりグループで取り組んだり、学習形態については柔軟に対応しましょう。

ローラー版画　　折り紙の貼りつけ　　凸凹版画　　素材の貼りつけ

【共同作品】
　共同作品では、子どもたちそれぞれの作品を集めて1つの作品を作ります。たとえば、個別に作ったものを1枚の模造紙などに貼り、1つの作品を完成させます。

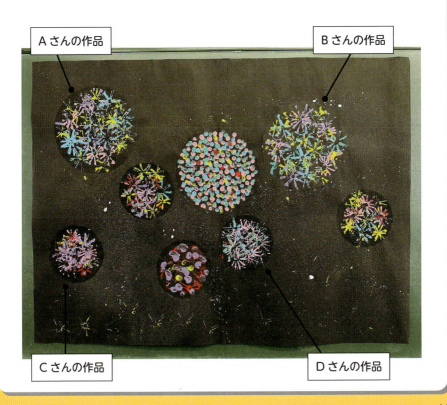

特典をダウンロードしよう！

P.113のQRコードから第4章の鑑賞カードと図画工作で使えるワークシートをダウンロードすることができます。

また、教育・療育・保育現場であれば、本書のページをコピー印刷をして使用することが許可されていますので、ぜひご活用ください。

《鑑賞カード》

第4章の鑑賞カードはダウンロードし、子どもたちの実態に応じて紙の厚み（コピー用紙、画用紙など）やサイズに配慮して印刷をしてください。

《ワークシート》

授業、休み時間や家庭学習などで使用することができるぬりえです。詳細はP.113のQRコードからダウンロードページをご覧ください。

ぬりえ

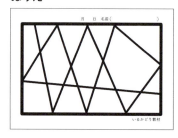

ブラックぬりえ

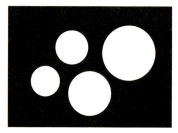

穴うめぬりえ

4色ぬりえ

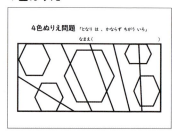

特典ダウンロード一覧

① 鑑賞カード「作品紹介カード」(P.98)
② 鑑賞カード「作品鑑賞カード」(P.100)
③ 鑑賞カード「作品カード」(P.102)
④ 鑑賞カード「作品発表カード」(P.104)
⑤ 鑑賞カード「いいねカード」(P.106)
⑥ ワークシート「ブラックぬりえ」(P.112)
⑦ ワークシート「ぬりえ」(P.112)
⑧ ワークシート「4色ぬりえ」(P.112)
⑨ ワークシート「穴うめぬりえ」(P.112)

特典教材ダウンロードページ

【公式】空に架かる橋 ホームページ
https://www.soranikakaruhashi.com
パスワード：2025dori
※ QRコードを読み込み、「書籍特典」をクリックして、本書の特典ダウンロードページでパスワードを入力してください。各鑑賞カードとワークシートがダウンロードできます。

・本書のワークシート等のデータについては、すべて著作権法によって保護されています。無断で商業目的に使用することはできません。購入された個人または法人・団体が営利目的ではない私的な目的（学校内や自宅などでの使用）の場合のみ、本書のデータ等を使用することができます。
・QRコードを読み取れない場合や動画が見られない場合、教員の方が使う端末アカウントの自治体や学校のセキュリティの設定が原因の場合があります。その場合、個人の端末やアカウントをご使用いただくと見られる場合があります。
・一学級での使用に留まらず、学校の全学級や自治体で教材を取り入れる場合は、下記メールアドレスまでご連絡ください。
info@irukadori.jp

おわりに

　本書をお読みいだだき、誠にありがとうございました。

　紹介した活動は、ぜひ、目の前の子どもたちや学級の実態に合わせてアレンジをしてください。学年も学習進度も違う特別支援学級だからこそ、それをメリットと捉えて授業を楽しんでいきましょう。

　さて、教材研究・題材研究で大切にしたいことが3点あります。

　1点目は、「教師自身が実際に取り組んでみる」ことです。限りのある勤務時間の中で、なかなか思うように研究することができない現実もありますが、年に数回でもいいので、実際に絵の具の濃さを確かめてみたり、画用紙に描いて活動時間を確認してみたりと、実際に取り組んでみることが大切です。そして、子どもの目線で取り組んでみることが重要です。せっかく工夫をした道具も子どもの手のサイズに合っていなければ使用することができません。

　たとえば、ストロースタンピングでは、絵の具と水の割合、ストローの長さなどを確認しましょう。

　2点目は、「子どもたちの声を取り入れる」ことです。声を取り入れるには、「子どもたちとの丁寧な対話と観察から生まれる実態把握」が必要です。子どもたちの興味関心はどこに向いているのか？　子どもたちが活動しやすい環境設定は？　子どもたちが使用できる道具の形は？　集中して取り組むことができる時間は？　鑑賞では用紙に記入する？　しない？　など、図画工作だけに限らず、すべての指導計画は、実態把握を土台に始めていきましょう。

　3点目は、「教職員同士で一緒に研究する」ことです。書籍を読んだり、SNSで情報を収集したりすることはアイデアの引き出しを増やすことに役立ちますが、使用する教室、授業時間や指導体制

など、現場でしか相談できないことがあります。学年の先生や管理職など先生同士で声をかけ合い、よりよい授業を目指して研究を進めていきましょう。

「一人ひとりの多様性を大切にする教育」を

　図画工作科における多様性とは、単に表現方法やテーマの多様性だけでなく、個々の子どもが持つ個性、考え方、感じ方、そして背景の多様性を尊重し、受け入れることだと考えます。私たち教師が、子どもたち一人ひとりを認めていくことで、子どもたちの創造力や共感力の育成、自己肯定感の向上につながるように努めていきましょう。

「100 回言うより 1 回体験させる教育」を

　言語のみで学習を進めるのではなく、絵の具や色鉛筆、画用紙やボール紙など、様々な素材に触れることができる授業、様々な活動を通して、一つでも多くの体験ができる授業を意識して計画をしましょう。

　そして、私たちは、子どもたちの笑顔と幸せを第一に考えて授業づくりをしていきましょう。

　最後に、執筆・撮影にご協力をいただいた皆さんに心より感謝を申し上げます。そして、今日も、子どもたちのために「学び続けること」ができる読者の皆さんに心からの敬意を表します。これからも同じ時代を生きるひとりの人間として、すべての子どもたちと子どもたちに関わる皆さんのために全力で活動を続けていきます。

　2025 年 3 月

いるかどり

参考資料

髙橋智子『実践から考える特別支援教育のための図画工作・美術の授業づくり』開隆堂出版、2024 年

奥村高明・鈴木陽子『イラスト＆写真解説でよくわかる！ わくわく小学校新図画工作授業 低学年編』明治図書出版、2011年

本郷寛監修、全国特別支援学校知的障害教育校長会『新時代の知的障害特別支援学校の図画工作・美術の指導』ジアース教育新社、2017 年

いるかどり『子どもの発達障害と環境調整のコツがわかる本』ソシム、2023 年

いるかどり、武井恒、滝澤健『学校種別の事例でポイントがわかる！特別支援教育「自立活動」の授業づくり』ソシム、2024 年

文部科学省『小学校学習指導要領（平成 29 年告示）解説 総則編』平成 29 年 7 月

文部科学省『小学校学習指導要領（平成 29 年告示）解説 図画工作編』平成 29 年 7 月

文部科学省『特別支援学校教育要領・学習指導要領解説 総則編（幼稚部・小学部・中学部）』平成 30 年 3 月

文部科学省『特別支援学校学習指導要領解説 各教科等編（小学部・中学部）』平成 30 年 3 月

著者紹介

いるかどり

特別支援教育コーディネーター。学校心理士。小学校教諭。空に架かる橋Ⅰコミュニティ 代表。【教材】「教材データ集 ver.2024.STAR」、「目と手と記憶 SUCTORY サクトリー」などを製作・提供。【イベント企画・運営】特別支援教育教材展示会の企画・運営や、勉強会、研修会を実施。【著書】『特別支援教育 子どもの強みをいかした オーダーメイド教材200』(明治図書出版)、『特別支援教育読み書き・運動が楽しくなる！ 見る見るトレーニング』(学陽書房)、『学校種別の事例でポイントがわかる！ 特別支援教育「自立活動」の授業づくり』(ソシム)、『特別支援教育の生活単元学習 子どもがワクワク学ぶ教材＆活動アイデア図鑑120② 教えているかどり先生！』(時事通信出版局) 他。
※ご依頼・ご連絡等はこちらから。
Instagram：@irukadori_akkyi

執筆協力

オンラインコミュニティ空に架かる橋Ⅰ メンバー
　埼玉県和光市立白子小学校 教諭 奥山 俊志哉
　元公立小学校 教諭 山本 晃叶

作品製作及び撮影協力

Knot a smile

教材提供

空に架かる橋 代表 いるかどり
教材データ集 ver.2024.STAR
　【公式】空に架かる橋Ⅰストア　https://irukadori.jp/items

特別支援教育 授業ですぐ使える！
いるかどり先生の のびのび図工アイデア

2025年3月24日　初版発行

著　者 ——— いるかどり

発行者 ——— 佐久間重嘉

発行所 ——— 学 陽 書 房

〒 102-0072　東京都千代田区飯田橋 1-9-3

編集部 ——— TEL 03-3261-1112

営業部 ——— TEL 03-3261-1111／FAX 03-5211-3300

https://www.gakuyo.co.jp/

ブックデザイン／能勢明日香

本文DTP制作・印刷／精文堂印刷　製本／東京美術紙工

©Irukadori 2025, Printed in Japan.

ISBN 978-4-313-65532-4 C0037

乱丁・落丁本は、送料小社負担でお取り替えいたします。

定価はカバーに表示してあります。

JCOPY 〈出版者著作権管理機構 委託出版物〉

本書の無断複製は著作権法上での例外を除き禁じられています。複製される場合は、そのつど事前に出版者著作権管理機構（電話03-5244-5088、FAX 03-5244-5089、e-mail: info@jcopy.or.jp）の許諾を得てください。

QRコードは株式会社デンソーウェーブの登録商標です。